AF413180

FROM ME TO ME

De mí para mí

Stephania Monroy

Every day I say a cheer full of nice words from me to me.

Todos los días yo digo un montón de palabras bonitas de mí para mí.

YO SOY...
(I AM)
AMABLE
KIND
LINDA
PRETTY
LISTA
SMART

When I wake up or before I sleep, these kind words I will repeat.

Cuando despierte o antes de dormir, estas lindas palabras yo voy a repetir.

¡BUENAS NOCHES!
GOOD NIGHT!

Each day I add a new affirmation to my jar. It makes my heart dance like a bright star.

Cada día agrego una nueva afirmación a mi frasco, hace que mi corazón baile como una estrella brillante.

YO SOY...
(I AM)
BEAUTIFUL
HERMOSA
AMABLE
KIND
INTELIGENTE
SMART

Monday, I say "Thank you for this day."

Lunes, yo digo "Gracias por este día."

Tuesday, I say "I love myself."

Martes, yo digo "Me amo."

Wednesday, I say "I can do amazing things today."

Miércoles, yo digo "Hoy puedo hacer cosas maravillosas."

YO PUEDO
(I CAN)

Thursday, I say "I am loved", and I give myself a hug.

Jueves, yo digo "Soy amada", y me doy un abrazo a mí misma.

Friday, I say "I am smart and important."

Viernes, yo digo "Soy inteligente e importante."

Saturday, I say "I am unique; nobody else looks like me."

Sábado, yo digo "Soy única; nadie más se parece a mí."

And lastly, Sunday, I say "I am a star, and I am perfect the way I am."

Por último, el domingo, yo digo "Soy una estrella y soy perfecta así como soy."

One last phrase I must think.

Una última frase debo pensar.

My own nice words, from me to me.

Mis propias palabras lindas, de mí para mí.

To every grown-up reading this book with their little ones, I hope it reminds you to be kind to yourself and mindful of the words you tell yourself each day.

Para papá y mamá que me dieron todo, Gracias.

Love,
Stephania Monroy

FROM ME TO ME/DE MÍ PARA MÍ